SENTIMENS

DES COLONS

DE

SAINT-DOMINGUE,

ENVERS

LEUR MONARQUE ET LEUR PATRIE.

DE L'IMPRIMERIE DE C. L. F. PANCKOUCKE.

SENTIMENS

DES COLONS

DE

SAINT-DOMINGUE,

ENVERS

LEUR MONARQUE ET LEUR PATRIE.

---

*Pro rege, pro patriá, vitam strenuè agere,
mortem ultrò lacessere.*

Ab Anonymo.

Par M. BERQUIN, (de Saint-Domingue).

PARIS,

Chez { C. L. F. Panckoucke, rue et hôtel Serpente,
n°. 16;
Et tous les Marchands de nouveautés.

1824 (Septembre).

DÉCLARATION

DES COLONS

DE SAINT-DOMINGUE.

(Pièce insérée dans le Journal politique, moral, etc. , dit L'Ami du Roi, *à la date du 14 avril, 1814). (1)*

Nous, soussignés, Colons de Saint-Domingue, réfugiés en France par suite des fléaux qui ont, jusqu'à ce jour, pesé sur cette colonie, à laquelle ses malheurs ont acquis une

---

(1) Qu'on lise attentivement cette pièce, et qu'on apprécie bien toute l'importance de son contenu ; qu'ensuite on considère la date, non de sa rédaction (car il serait possible que cette première date fût débattue, toute réelle qu'elle est en effet), mais, seulement, de son insertion publique dans un Journal dont l'existence est, du moins, incontestable; et l'on conviendra, sans doute, après cela, qu'en fait d'écrits du même genre, et qui ont pu avoir été imprimés et publiés en France, depuis le premier instant de l'ère

triste célébrité, et vivement intéressés, à tous égards, dans les circonstances présentes, à émettre, avec franchise et loyauté, notre profession de foi politique, unanime et inébranlable, déclarons et protestons, hautement, reconnaître, *sans aucune restriction ni modification quelconque*, les droits sacrés et

---

heureuse à laquelle se lient désormais nos destinées (y compris, entre autres, l'éloquent discours prononcé, devant S. A. R. Monsieur, le 26 avril dernier, par M. le marquis de Monciel, président de la députation du Jura), il n'en est aucun qui puisse disputer, à celui-ci, l'honorable priorité d'une authentique publication, et qu'en ce qui concerne la déclaration positive de sentimens essentiellement monarchiques, ainsi que le conçoit tout bon et loyal Français, il est le premier en date à cet égard. Qu'il soit, donc, permis aux infortunés Colons de Saint Domingue d'attacher, à ce témoignage expressif de leur dévouement sans bornes à leur légitime souverain et de leur attachement sincère aux vrais principes de l'antique monarchie française, tout le prix qu'il mérite, et de prendre, en conséquence, acte, ici, de cette glorieuse initiative de leur part dans la manifestation générale des sentimens et des vœux de la nation pour son auguste Prince. (*Note de l'Éditeur, qui a, en ses mains, le titre original de la présente Déclaration.*)

imprescriptibles, ainsi que l'autorité légitime, *pleine et entière*, de notre antique monarchie, du gouvernement paternel de nos rois, tel qu'il a si heureusement subsisté, durant une longue suite de siècles, au sein de la mère-patrie, jusqu'à l'époque fatale de la révolution, et la réunion, *pure et intacte*, de ces droits et de cette autorité, dans la personne de Louis XVIII, notre unique souverain, que nos cœurs et nos voix appellent, avec instance, au trône auguste de ses ancêtres, et à qui seul, pour le bien de l'état et le bonheur commun, est justement conféré le pouvoir de régler et limiter, lui-même, dans sa sagesse, et d'après ses vues bienfaisantes envers tous ses sujets, dont il est le père autant que le monarque, ses attributions royales et celles du corps représentatif de la nation, qu'il appellera et constituera pour concourir avec lui, de la manière la plus convenable, à réparer tous les maux qui, depuis vingt-cinq années consécutives, accablent et épuisent la France ; ne doutant pas, au surplus, que les sentimens et les vœux que nous exprimons ici , dans l'effusion de nos cœurs , ne soient aussi les sentimens et les vœux de tous les bons et vrais Français , et , par conséquent , ceux de la très-grande majorité de la France ; et heureux , enfin , d'être au nombre des premiers à en offrir , authentiquement , la libre et franche manifestation.

Vive le Roi!

A Paris, le 8 avril 1814.

(Suivent les signatures.)

De Gauville , Berquin , Bourdon de la Millière , ô Héguerty , Pommereux , Dupont, de Nazon , (chevalier de Saint-Louis), *de Fondeviolle , ô Gorman ,* (colonel), *Bérard de Pithon ,* le vicomte de *Choiseul* (maréchal-de-camp), *Barrois, Vial de Colombeau , J. B. M. Delahogue ,* le marquis de *Sourdis , Corneille , Rocquette de Kerguidu* (gendre de *Brucourt*), *de Vente de Franc-Mesnil , Clausson , Le Féron , Chardin , de Lataste , Bussière de Bellevue ,* le marquis d'*Alesmes ,* etc., etc., etc.

MINISTÈRE DE LA MARINE
ET DES COLONIES.

COLONIE FRANÇAISE DE SAINT-DOMINGUE.

A SA MAJESTÉ

LOUIS XVIII,

ROI DE FRANCE ET DE NAVARRE.

SIRE,

CE sont les agens des Colons de Saint-Domingue, eux-mêmes Colons de cette île, qui, en leur nom commun, prennent la liberté d'adresser, en ce moment, à Votre Majesté, l'hommage respectueux du profond et inaltérable dévouement dont ils sont, tous, pénétrés envers elle, ainsi que leur présente sup-

plique ; de ces mêmes Colons qui, dès le prin-
cipe de leurs affreux malheurs, admis, par voie
de députation, à porter leurs tristes doléan-
ces aux pieds de votre auguste frère, feu
Louis XVI, d'éternelle mémoire, en l'année
1791, virent couler, des yeux de cet excellent
Prince, d'amères larmes, au récit lamentable
qu'ils lui firent alors du premier désastre dont
venait d'être atteinte, par le cruel fléau de la
révolution française, cette belle et intéressante
colonie, désastre épouvantable, à tous égards,
et signalé, vers la fin du mois d'août de cette
même année, par l'incendie général de la
vaste et superbe plaine du Nord, et par le
massacre de ses habitans. Il ne put, hélas ! ce
bon Roi, ni réparer le mal déjà fait à Saint-Domingue, ni en arrêter l'horrible continuation.
L'état pénible où il se trouvait lui-même, à
cette époque orageuse, et qui ne fit que s'ag-
graver avec le temps, ne laissait plus à sa dis-
position, tant pour la métropole qu'en ce qui
concernait les colonies, aucun moyen répres-
sif contre la violence du torrent dévastateur

qui renversait et entraînait tout dans son cours, et en Europe et par-delà les mers.

Mais enfin, après vingt-trois années consécutives de bouleversement de tout genre et d'innombrables misères, les restes languissans de ces mêmes Colons de Saint-Domingue, épars, maintenant, loin de leurs propriétés ravagées, et dans l'ancien monde et dans le nouveau, voient luire, pour eux, le jour qui doit mettre un terme à leurs souffrances, et les rappeler au bonheur sous le gouvernement tutélaire de leurs légitimes souverains, gouvernement créateur de leur existence et de leur prospérité passées, et dont la suspension fatale a été l'origine et le développement de tous leurs maux. Un Bourbon règne enfin paisiblement sur la France ; et l'auguste frère du bon Louis XVI, rappelé par le ciel au trône de ses pères, accomplira, n'en doutons pas, tout le bien que ce magnanime Prince eût voulu faire aux plus malheureux de ses sujets, aux Colons de Saint-Domingue.

C'est dans ce consolant espoir que les agens

de ces mêmes Colons, interprêtes fidèles auprès de Votre Majesté, de tous les sentimens
de leurs compatriotes, osent la supplier, à ce titre, d'assurer irrévocablement, contre les réclamations, visiblement intéréssées et impropre-
ment philantropiques, de toute nation étran-
gère, l'existence et le rétablissement prochain
des colonies françaises, y compris, notamment,
celle de Saint-Domingue, à présent réduite au
tiers de son ancienne population et dans un
dénuement profond des seuls bras propres à
revivifier ses riches et nombreuses cultures,
et, en conséquence, de vouloir bien consolider
incessamment, sous le sceau de la loi et dans
les formes les plus stables et les plus sages à la
fois, les moyens uniques de remplir le vide,
plus ou moins considérable, que chacune d'elles
éprouve, et celle de Saint-Domingue, infini-
ment au-delà de toutes les autres, dans leur
population spéciale de cultivateurs, par la continuation du commerce de la traite des noirs
(seule ressource extante pour parvenir à ce but
essentiel), ainsi qu'il était pratiqué dans les

ports de France, avant la révolution, sinon pour toujours, au moins pour un espace de temps qui, dans tous les cas, ne pourrait être moins de dix années complétement révolues.

Si cette mesure, indispensable en la circonstance présente, est malheureusement rejetée, et qu'enfin la traite soit dès à présent abolie en France, il n'est pas douteux que ce beau pays restera désormais sans colonies florissantes, et, par conséquent, avec un commerce faible, languissant et précaire. La chute de nos colonies amène, inévitablement, à sa suite, la ruine de notre commerce extérieur et celle de notre marine. Eh ! quels ne pourraient être pas, alors, les résultats effrayans de ce funeste état de choses, dans une vaste et populeuse contrée, telle que la France, entièrement livrée, depuis vingt ans et plus, aux commotions diverses d'une guerre acharnée et presque toujours entretenue hors de son sein par le machiavélisme adroit de ses astucieux tyrans, lesquels, dans la privation, si longtemps prolongée, et du commerce et de la paix, s'appliquaient à occuper ainsi la turbulente mobilité d'un grand peuple, qui ne saurait exister dans un état apathique, et pour qui la vie est une continuité d'action ! Que ferait, au sortir d'une guerre aussi longue et pratiquée ainsi qu'elle l'a été, que ferait, disons-nous, un tel peuple en de telles circonstances, s'il arrivait que, par suite de la paix générale, et par un déplorable effet de la langueur extrême de son commerce et de toutes les branches particulières qui s'y rapportent, il fût réduit à voir tous les ressorts de sa prodigieuse activité forcément comprimés à la fois ?..... N'est-il pas dans les vues d'une saine politique et d'un gouvernement éclairé, de fournir d'utiles et nombreux alimens à cette indomptable activité des Français, en la tournant, en la dirigeant habilement, vers les occupations fructueuses d'un commerce étendu, ame de son agriculture et de ses manufactures, et, pour cet effet, en donnant tous ses soins au rétablissement instant de nos colonies, point essentiel vers lequel se porterait en hâte, et avec d'incalculables avantages, tant pour la métropole que pour ces mêmes colonies , cet indispensable besoin qu'a la nation française d'être en mouvement, en action , occupée , enfin , d'une manière ou d'une autre , en guerre ou en paix, besoin plus vif encore chez elle , maintenant , qu'il ne l'a jamais été , vu l'effervescence générale des esprits , et la tendance générale des choses?

Mais, dira-t-on que l'Angleterre ayant aboli la traite des noirs chez elle, la France ne peut se dispenser d'imiter sa conduite à cet égard , et d'en faire autant ? Ce n'est point, là, une conséquence, ni pour la forme, ni quant au fond. Au premier cas, nous répondrons que chaque pays, indépendant des autres et se gouvernant par ses propres lois, a le droit incontestable de régler et diriger ses affaires particulières, ainsi qu'il lui convient, sans être tenu de suivre, en cela, l'impulsion , franche ou simulée , de toute autre nation; vérité fondamentale , et qui, d'ailleurs, vient d'être authentiquement reconnue et proclamée envers la France, par l'assentiment unanime des Puissances alliées, dans leur Déclaration publique et portant

qu'elles n'entendaient point s'immiscer nulle-
ment dans rien de ce qui concerne le régime
spécialement affecté à cette même France. Au
second cas, nous répondrons encore que les
colonies anglaises n'ayant éprouvé aucune se-
cousse révolutionnaire et exterminatrice de
leur population agricole, et ayant même, en
ce moment-ci, un quart, pour le moins, en sus
du nombre de cultivateurs noirs qui peuvent
être nécessaires à leur exploitation, n'ont absolument aucun besoin de la traite pour alimenter
cette population surabondante, et qui se suffit
tout à fait à elle-même ; et qu'il résulte, de là,
que l'abolition de ce commerce, en Angleterre, loin d'être une mesure inspirée par une
philantropie désintéressée, quoique illusoire
en ses effets directs, n'est autre chose, au
fond, que la suppression, convenable pour
elle, d'une grande dépense oiseuse, et, en
conséquence, à charge dans l'exercice étendu
de son commerce. Mais il s'en faut beaucoup
que les colonies françaises (et Saint-Domingue
bien plus que toute autre), soient dans une po-

sition pareille; et l'on ne saurait se dissimuler, de quelque vaine idée qu'on puisse, à cet égard, se bercer un moment, que, si la traite des noirs vient à être abolie en France, dans les circonstances présentes, il faudra, de toute nécessité, renoncer au rétablissement de nos colonies, à la tête desquelles on doit placer Saint-Domingue, en considération de son importance majeure, et vu ses besoins incomparablement plus grands, Saint-Domingue, dont les seules productions territoriales, en 1790, balançaient, dans leur masse énorme, celles, réunies, de toutes les autres colonies européennes, et qui, dans l'espace de dix années, avec l'activité française, les ressources incalculables de l'industrie éveillée et stimulée, de toute manière, par les besoins, un bon régime intérieur, la continuation de la traite, et une paix stable, pourrait encore s'élever au de-là, même, de ce haut degré de splendeur et de richesse où il était parvenu à cette époque.

En outre, n'est-il pas évident que la chute de nos colonies, amenée indubitablement par l'abolition présente de la traite , assurerait désormais à l'Angleterre , maîtresse de colonies florissantes , ainsi que des vastes et riches possessions du Bengale , le monopole absolu des denrées coloniales , et que le sucre , le café , le coton , l'indigo , extraits en abondance , tant de ses îles américaines que de ses établissemens de l'Inde , ne passeraient en France qu'au prix qu'y mettrait cette nation essentiellement commerçante , et y seraient , en grande partie , acquittés avec notre numéraire , qu'attirerait, que pomperait , à la longue et nécessairement, le puissant ressort de ce commerce abusif et ruineux pour la France ? En un mot , et pour dernier aperçu , que l'on vienne à considérer, un instant, ce qu'était le commerce français, en 1790, et ce qu'il est à présent, pour tout ce qui a rapport aux colonies, soit relativement à l'active et prodigieuse influence qu'elles exerçaient alors sur l'étendue et la prospérité de ce commerce, soit, au contraire *et vice versâ*, dans l'affligeant examen de l'état présent des choses, sous ce même point de vue , état visi-

blement produit et amené par la fatale inter-
ruption des nombreuses et utiles relations qui
subsistaient entre la métropole et ces importans
établissemens d'outre-mer, en première ligne
desquels s'élève et se présente Saint-Domingue, eu égard à ce qu'il a été et à ce qu'il peut
être encore.

Telles sont les considérations majeures qui,
parmi beaucoup d'autres plus ou moins inté-
ressantes, militent en faveur de la réclamation
des Colons de Saint-Domingue pour la continuation, indéfinie ou limitée, de la traite des
noirs (en cette colonie notamment, vu l'absolu
besoin qu'elle en a), réclamation qui, proba-
blement, ne manquera pas d'être appuyée par
le concours de toutes celles qu'émettront ou
qu'ont déjà émises, à ce sujet, les places de
commerce de France, intéressées vivement à
la prospérité de nos colonies, à laquelle se
lie, sous tant de rapports divers, celle de la
métropole.

Les agens, soussignés, des Colons de Saint-
Domingue, au nombre desquels ils sont eux-

mêmes , pleins d'une juste confiance en la sagesse lumineuse et ferme de Votre Majesté , de
même qu'en ses soins absolument consacrés au
bonheur de tous ses sujets , sans acception , à
cet égard , de personnes et de lieux , lui réi-
tèrent ici l'humble assurance de leur soumis-
sion profonde et de leur respectueux et invio-
lable dévouement.

Paris , le 15 mai 1814.

(Signé en l'original.)

Le baron *de Gauville* , *Berquin* , *Bourdon de Lamil-
lière* , le comte ô *Gorman* , *Pommereux* , *Vial de
Colombeau* , *Dupont* , ô *Héguerty* , J. B. M. *de
Lahogue* , le vicomte de *Barras* , père.

NOTE FINALE.

L'adresse qu'on vient de lire, et portant la date du 15 mai dernier, a dû avoir été mise incessamment sous les yeux de Sa Majesté, par S. Exc. M. le Ministre de la marine et des colonies, à qui elle avait été présentée à cet effet. On n'a point oublié, sans doute, que, dans le courant de ce même mois de mai, le bruit circulait, à Paris, que l'abolition totale et absolue de la traite allait avoir lieu, de la part du gouvernement français; que c'était, là, une des conditions formellement émises par les plénipotentiaires anglais, pour la conclusion définitive de la paix, et qu'en conséquence il fallait s'y attendre, en se résignant, d'avance, à ce coup inévitable, de quelque conséquence fâcheuse que pût être une telle détermination pour les colonies françaises en général, et, particulièrement, pour Saint-Domingue, eu égard aux circonstances pré-

sentes, et vu le dénuement de bras nécessaires à la culture dans cette dernière colonie. Il
paraissait, alors, que d'aussi légitimes, d'aussi
puissantes considérations ne seraient point
écoutées. Et, cependant, les Colons de Saint-
Domingue, réfugiés, en grand nombre, à
Paris, n'ont pas désespéré de faire entendre
leurs voix en cette occasion importante où la
politique adroite d'une nation commerçante et
favorisée, en outre, par le concours général
des circonstances les plus avantageuses à ses
prétentions exagérées, cherchait à paralyser les
ressources, à enchaîner l'activité de son antique et redoutable rivale en paix comme en
guerre. Ils ont adressé et fait parvenir, à leur
auguste monarque, les justes réclamations
qu'ils faisaient à ce sujet, pour l'intérêt de la
métropole aussi bien que pour celui des colonies, réclamations consignées dans la pièce
qui précède cette note; et, si elles n'ont point
été totalement admises, en raison des fortes
oppositions qui les combattaient, elles ont eu,
du moins, un succès partiel, d'après le con-

tenu du premier des articles, *non intégrans,*
mais *additionels* au traité de paix conclu,
entre la France et la Grande-Bretagne, le 30
mai dernier, lequel porte que la traite ne ces-
sera, de la part de la France, que dans un dé-
lai de cinq années (à commencer, d'ailleurs,
de je ne sais quand) ; terme, il est vrai, très-
insuffisant pour la restauration des moyens de
culture à Saint-Domingue, mais que la grande
loi de la nécessité , devant laquelle toute autre
se tait, peut amener à prolonger encore,
ainsi que cela s'est pratiqué en Angleterre,
même par trois fois consécutives et de cinq années en cinq années, avant qu'elle n'ait défini-
tivement aboli ce commerce, à l'époque où
elle a senti et reconnu qu'elle n'en avait plus
besoin pour la prospérité de ses colonies, abon-
damment pourvues à cet égard. Il en peut bien
être ainsi de la France. Eh ! qui l'empêche-
rait, au reste, d'adopter, à son tour, s'il le
fallait, une pareille mesure dilatoire, quand
l'exemple lui en est offert et donné authentiquement par la nation même qui réclame de

sa part, aujourd'hui, sans daigner prendre en considération ses pertes et ses besoins extrêmes, l'exécution accélérée, intempestive, d'un acte ainsi provoqué par elle *ex abrupto*, acte qu'elle même n'a jugé à propos de réaliser chez elle qu'après quinze années complètes de retard et de renvoi réitérés, et dans un temps où ses colonies, au sein d'une paix profonde et d'un commerce florissant, n'avaient, jusqu'alors, éprouvé aucun échec ?

A quoi servent, d'ailleurs, ces nombreux comptoirs que possède et fait valoir l'Angleterre sur cette immense côte occidentale de l'Afrique, à prendre des rives du Sénégal jusqu'à celles du Coanza, et quel est l'objet, important, majeur, du commerce qu'elle y entretient presque exclusivement ? Croit-elle donc qu'en France, et ailleurs, on ignore que la branche essentielle de ce commerce est la traite des noirs qui s'y pratique assez facilement, au moyen de quelques mesures préalables, avec diverses colonies européennes, et notamment avec celles de l'Espagne et du Portugal ? Croit-

elle donc qu'on ignore, en Europe, que Liver-
pool, Glascow, et quelques autres ports de la
Grande-Bretagne, ont, depuis longtemps et
jusqu'à ce jour encore, dans leurs attributions
particulières (si l'on peut s'exprimer ainsi), le
commerce de la traite des noirs, et que les né-
gocians de ces ports sont les agens directs et
les principaux facteurs de ce commerce, dont,
par l'adoption générale des mesures tendantes
à l'abolition de cette même traite, qu'elle solli-
cite, en cet instant, auprès des diverses Puissances de l'Europe, et surtout vis-à-vis de la
France, elle réussirait ainsi à s'assurer, sourde-
ment et sans éclat, l'exclusif monopole, vu
que cette abolition de la traite, en ses effets,
ne serait qu'apparente, et ne servirait, dans sa
forme, qu'à resserrer et concentrer l'exercice
de ce commerce entre les mains de la cupide
Angleterre? D'où il s'ensuivrait que la France,
la Hollande, le Danemarck et la Suède, obli-
gées de suivre, à cet égard, les traces de l'Espagne et du Portugal, ne pourraient désormais
se procurer de cultivateurs noirs, pour l'entre-

tien de leurs colonies, que par la voie des comptoirs anglais de la côte d'Afrique, uniques distributeurs de cette précieuse marchandise, dont les bâtimens de ces diverses nations iraient, comme le font ceux de ces deux dernières, se pourvoir dans ces établissemens (où en sont les dépôts, sans cesse entretenus) aux conditions et au prix qui, soit en Europe, soit en Afrique, y seraient imposés au gré des maîtres absolus de ce commerce.

Et voilà, sans doute, où le Gouvernement anglais veut amener la France dans la tenue prochaine du congrès de Vienne, attendu que, relativement à l'objet de la traite, les trois grandes nations continentales dont les souverains doivent paraître, avec le Gouvernement français, dans ce congrès, savoir, la Russie, l'Allemagne et la Prusse, ne possédant point de colonies, n'ont, à bien dire, aucun intérêt à y débattre et contredire cet objet, qui ne peut y concerner, d'une manière importante, que la France uniquement. Or, si, par malheur, les vues de la Grande-Bretagne, à ce sujet, venaient

à être couronnées d'un plein succès, par l'abolition précipitée, de la part du Gouvernement
français, de ce commerce indispensable de la
traite, auquel tient absolument la restauration
de ses colonies, à moins, pourtant, qu'il ne
soit possible, au fond, d'admettre un nouveau
système de colonisation, convenable à ces établissemens d'outre-mer, et différent de celui
qui y a existé jusqu'à ce jour (problême politique et moral, beau en théorie, inexécutable
peut-être en pratique, et dont, pour tout dire
en peu de mots, la solution est soumise à des
conditions qu'il ne serait point facile d'observer,
et, par conséquent, à d'extrêmes difficultés); si,
dis-je, en ces circonstances critiques, et vu
l'état présent du nombre circonscrit des colonies qui nous restent, l'abolition hâtive de la
traite allait être prononcée par le Gouvernement français, et que la Grande-Bretagne, op-
posant, de toute part, une barrière insurmon-
table au rétablissement des colonies françaises,
et sacrifiant même tout intérêt particulier à son
intérêt général, ou plutôt à cette jalousie na-

tionale qui l'a, de tout temps, animée contre
la France, se déterminât à nous fermer rigou-
reusement l'accès de ses comptoirs d'Afrique,
et à nous enlever ainsi les seuls moyens, bien
onéreux, il est vrai, qui nous resteraient encore
pour rétablir nos colonies, quels seraient les
résultats, envers la France, et, j'ose le dire, envers l'Europe entière, de cette double détermination, sur l'objet que nous discutons ici,
et de la part de la France et de celle de l'Angleterre ? Les voici indubitablement. La chute
rapide et totale de nos misérables colonies,
l'extinction presque entière de notre commerce
maritime, la langueur de nos manufactures,
et enfin (que toute l'Europe fasse bien attention
à ce dernier aperçu politique), la compression
funeste de la prodigieuse activité d'une grande
et puissante nation, placée par la nature de
telle sorte que tout ce qui l'environne en reçoit
nécessairement l'impulsion, et qui, à peine
sortie du foyer brûlant d'une révolution terrible et fondée sur le droit de la force et des
armes, est prête à s'y élancer encore, et à bou-

leverser, de nouveau, l'Europe entière, si nul aliment pacifique n'est accordé à ce feu dévorant qui la consume, si, malheureusement, on l'irrite, ou la pousse à de tels excès, par d'aussi impolitiques mesures, par des vues aussi resserrées, aussi personnelles, aussi contraires, en un mot, aux intérêts communs des nations, que celles isolément émanées des intérêts particuliers d'un peuple, ou, pour mieux dire, d'une partie de ce peuple qui voudrait, à quelque prix que ce fût, s'arroger, à elle seule et tout entier, le commerce de l'univers, si, enfin, on veut obliger ainsi la belliqueuse France à tourner l'indomptable activité qui la caractérise vers son élément chéri, privilégié, vers cet état de crise et d'éréthisme où l'entraînent ses dispositions naturelles, et qui est si fatal au repos, au bonheur de l'Europe et du monde entier, vers le redoutable état de guerre. Eh! saurait-on prévoir les suites incalculables de ce nouveau chaos?......Je ne vais pas plus loin, et laisse aux têtes fortement organisées, aux hommes faits, par leurs lumières et leurs vues, ainsi que par leur état, pour guider l'opinion publique et fixer les déterminations des cabinets d'état, à peser d'aussi importantes considérations et à les faire valoir.

Au surplus, et pour en finir sur l'objet que nous examinons ici, l'Angleterre a-t-elle aucunement le droit de provoquer et de paraître même vouloir exiger l'adoption d'une semblable mesure, dans un congrès où il ne s'agira que des intérêts généraux et communs des nations qui y seront représentées? Les souverains du Sénégal, de la Gambie, de la Côte-d'Or et du Congo, l'ont-ils donc spécialement chargée de leurs pleins-pouvoirs à cet effet? Ou bien, n'est-elle animée, en cela, que par des vues purement philantropiques et tout-à-fait désintéressées? Agit-elle, enfin, bien sincèrement, en cette circonstance, au nom et pour la cause des peuples de ces contrées africaines, au moment même où elle retient, sous le joug de la dépendance la moins mitigée qui existe parmi les divers établissemens coloniaux des Européens, plus de cinq cent mille individus qu'elle a tirés de ces mêmes contrées, et transportés dans ses colonies, au moment même où elle possède, sur la côte d'Afrique, la presque totalité des comptoirs de négoce qui s'y trouvent et dont la branche principale (quoique non avouée) de commerce, est la traite de ces mêmes noirs, sur le sort desquels son astucieuse politique semble aujourd'hui s'appitoyer? En un mot, la despotique dominatrice de l'Inde est-elle, de bonne foi, la généreuse protectrice de l'Afrique?.... *Credat Judæus Appella.*

Pour tout dire, à ce sujet, la France n'est-elle donc plus la France; et a-t-elle d'autres principes à suivre, d'autres règles à observer, en cela comme dans tout le reste, que les principes et les règles qui émanent essentiellement, pour elle, ainsi que pour toutes les nations indépendantes, de la grande et absolue raison d'état? Osons croire que le négociateur, habile et ferme, qui sera envoyé, par le Gouvernement Français, au congrès de Vienne, saura bien y déjouer toutes les menées, appa-

rentes ou voilées, de la politique alliée à l'intérêt, y faire respecter l'indépendance de sa nation, détourner tous les maux qui résulteraient,
pour l'Europe entière, du sacrifice qui serait fait
d'une partie de cette indépendance, en ce qui
porterait atteinte à l'existence des colonies et du
commerce maritime de la France, et prévenir
ainsi la terrible et inévitable compensation
d'un pareil sacrifice. Enfin, le descendant de
HENRI IV et de LOUIS XIV est sur le trône
de ses pères. Attendons et espérons.

FIN.